Die Maus hat gute Freunde

ein Mitmachbuch
zum Gestalten
und zum Lesen mit allen Sinnen

von Anna Elisabeth Weichert
und Annette Wengenmayr
und

____

Ernst Klett Grundschulverlag
Leipzig Stuttgart Düsseldorf

Liebe 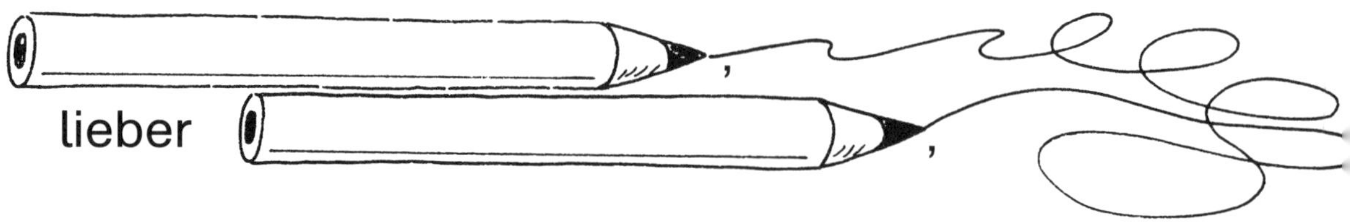
lieber ,

in dem Buch „Die Maus hat gute Freunde“
geht es um eine kleine Waldmaus,
die krank geworden ist.
Ihre Freunde aus dem Wald
bringen ihr
Geschenke aus der Natur.

Gehe auch du in die Natur
und schaue dich um.
Sammle Blüten, Blätter, Moos
und all die anderen Dinge,
mit denen du dieses Buch gestalten kannst.
Male zusätzlich die Seiten bunt an.

Ergänze die Geschichte
auf den leeren Schreibzeilen.
Suche dafür die passenden Wörter
oder Sätze aus, die unten auf der Seite
unter dem Laub stehen.
So entsteht zusammen mit dir
eine Geschichte,
die du nicht nur lesen und betrachten,
sondern auch fühlen und riechen kannst.

Nun wünschen wir dir viel Spaß
beim Basteln, Malen und Lesen.

Eure

Anna E. Weichert Annette Weygenmayr

Die Maus in dieser Geschichte
hat noch keinen Namen.

Sammle Namen,
die dir gefallen:

____

____

____

Entscheide dich für einen Namen.
Die Maus heißt:

 _______________

Schreibe den Namen in die passenden
Textlücken der Geschichte.
Davor sitzt immer eine kleine Maus: .
Die Geschichte beginnt
auf der nächsten Seite.

Das ist  ______________ ,
eine hübsche, kleine Maus
mit weichem Fell.
Sie wohnt
unter einer dicken Wurzel
am Waldrand.

Unter dieser Wurzel
leben auch noch

____

____

Würmer

Ameisen Hühner Käfer Hunde

Spinnen Katzen Pferde Schnecken

Eines Tages wird  ___________

krank.

der Kopf schmerzt,

der Hals tut weh.

Traurig kriecht  ___________

in das kleine Bett aus Moos.

Der Specht klopft mit dem

Schnabel an die Wurzeltür.

 ___________ kann nicht öffnen.

Da stößt der Specht

mit seinem Schnabel

die Wurzeltür auf.

 ___________ piepst

mit heiserer Stimme:

„_____________________________

_____________________________."

„Mir geht es schlecht!"

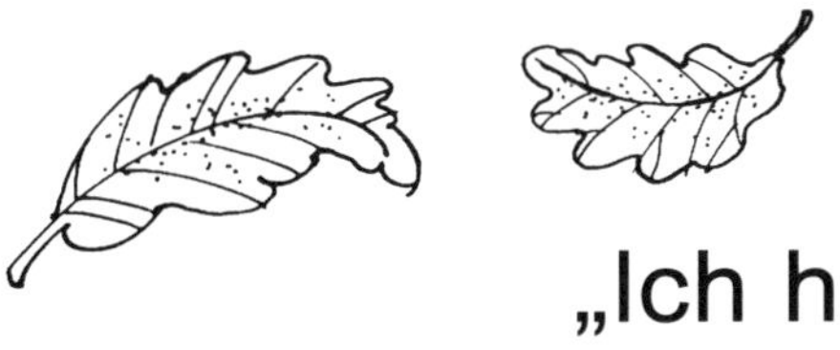

„Ich möchte Schokolade!"

„Ich habe Fieber!" „Mein Hals tut weh!"

Der Specht fliegt in den Wald.
Er erzählt den anderen Tieren,
dass  ______________ krank ist.

Er begegnet

______________________ ______________________

______________________ ______________________

______________________ ______________________

______________________ ______________________

„Wir wollen  ______________
besuchen“, sagen alle.
Sie überlegen,
was sie ihr schenken können.

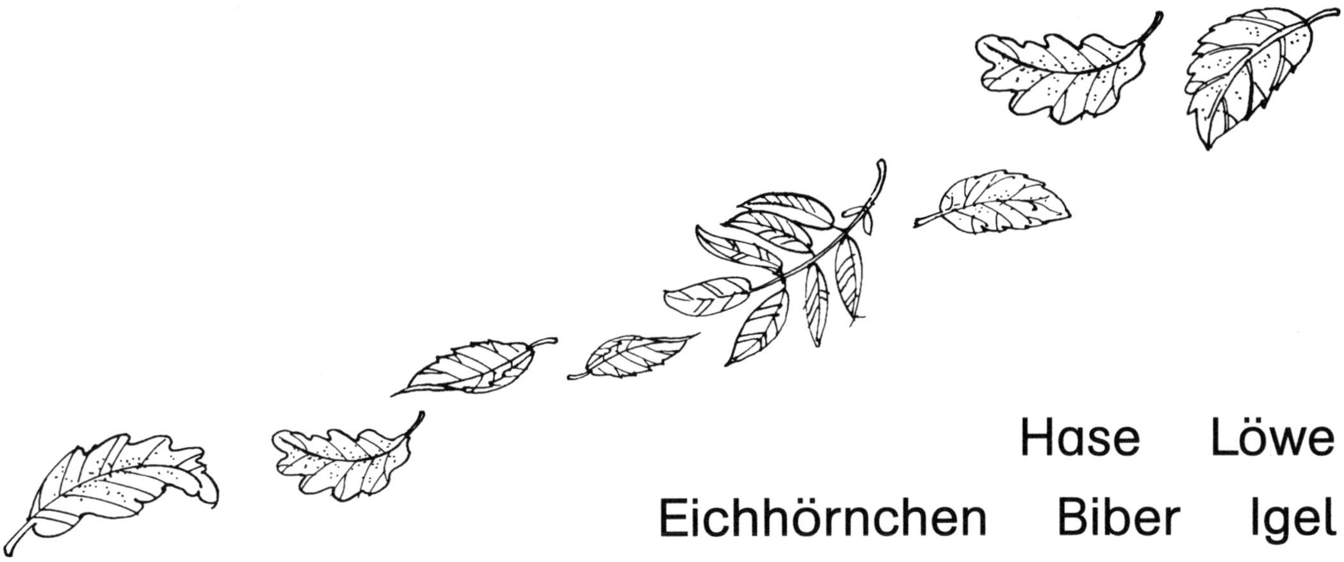

Hase Löwe
Eichhörnchen Biber Igel
Wildschwein Kuh Eule Wiesel Fuchs

Der Specht hat eine Idee.
Im Sommer hat er
Kerne von Sonnenblumen
gesammelt.
Er legt sie nun
auf ein großes Blatt
und zählt nach.
Es sind _____ Kerne.
Vorsichtig rollt er
das Blatt zusammen
und nimmt es
in den Schnabel.
Dann fliegt er los.

Das Wiesel huscht
in einen Garten
und schnuppert.
Es riecht nach Kamille.
Schnell sammelt es
viele Blüten ein.
„Wenn  ____________
den Duft einatmet,
wird die Erkältung
rasch besser“,
denkt das Wiesel.

Mit einem Büschel Kamille
in der Pfote
rennt es los.

Das Eichhörnchen
springt von Ast zu Ast.
Was könnte es  ____________
mitbringen?

Flink sammelt es

____

____

Plötzlich entdeckt es den
schlafenden Igel.
„Du Faulpelz!
Steh auf!
 ____________ ist krank!“, ruft es.
„Au!“
Eine große Nuss landet auf
der Nase des Igels.

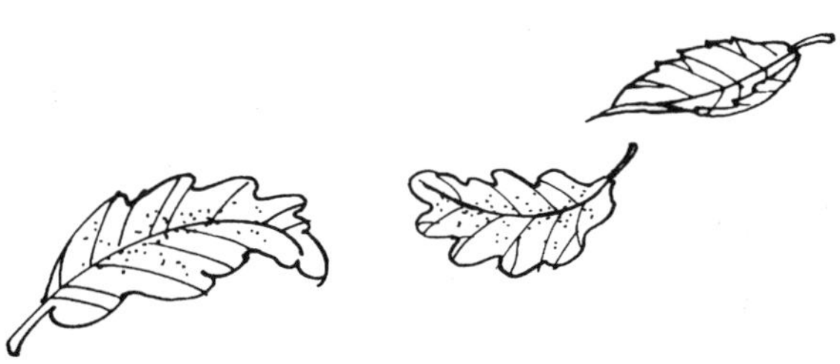

Walnüsse
Kaugummis Haselnüsse
Eicheln Autos Kastanien

Erschrocken trippelt
der Igel davon.
Er kommt an eine Wiese.
Da stehen Obstbäume.
„Obst ist gesund“, überlegt
der Igel.
„Welche Frucht würde  ___________
am besten schmecken?“

Er nimmt ________ ________________
auf den Rücken
und wandert los.

eine Pflaume
einen Apfel   eine Banane
einen Pfirsich   eine Kirsche   eine Birne

Das Wildschwein
entdeckt ein Maisfeld.
Mit seiner Schnauze
bricht es einige Maiskolben ab.
Zuerst frisst es sich satt.
Dann erinnert es sich an
die kranke  ____________ .
Es grunzt:

____

____

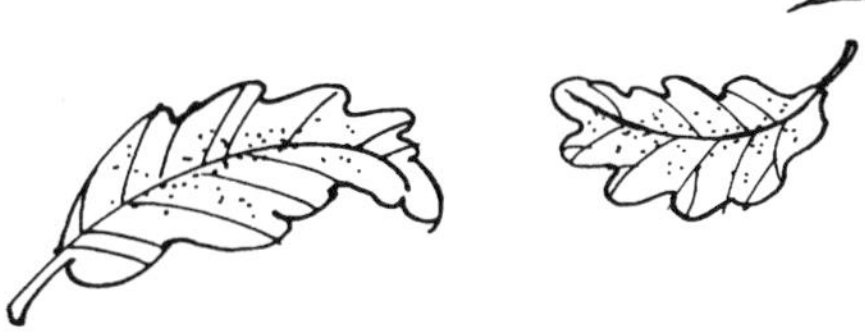

„Ich bringe der kranken Maus
auch einige Maiskolben!“
„Die Maus bekommt nichts von mir!“
„Für die kranke Maus hebe ich Mais auf.“

Der Biber baut ein Boot.
Er nimmt dazu
kleine Äste und Rinde.
Für die Ruder sucht er Stöcke.

„Wenn  ____________
wieder gesund ist,
können wir zusammen rudern“,
hofft er.

„Vielleicht nehmen wir noch
____
oder ______________________
mit auf unsere Fahrt.“

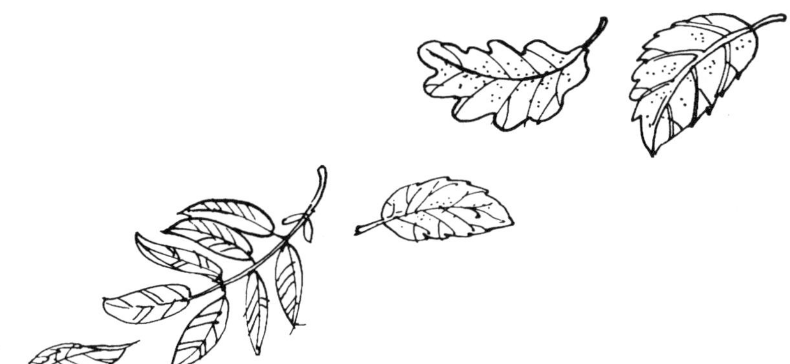

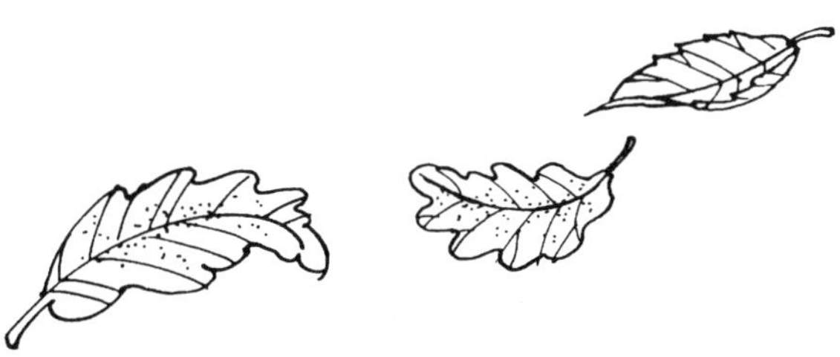

Igel
Specht Wiesel
Hund Eichhörnchen

Der Fuchs schleicht um

 ___________s Wurzel herum.

Überall liegt Abfall!

Es sieht schlimm aus!

Warum nehmen die Menschen

ihren Müll nicht mit?

Da liegen ja

____

____

______________________________________.

Der Fuchs räumt auf.

Das ist sein Geschenk!

Flaschen

Plastiktüten Dosen

Papier Folie Kronkorken

Die Tiere versammeln sich
vor  __________s Höhle.
Nun fehlt nur noch die Eule.
Lautlos fliegt sie heran.
Plötzlich ruft sie: „Macht Platz!
Jetzt komme ich!“
Erschrocken laufen die Tiere
auseinander.
Mit einem Tannenzapfen
im Schnabel landet
die Eule genau
vor  __________s Wurzel.
Nun begrüßen sich die Tiere:

____

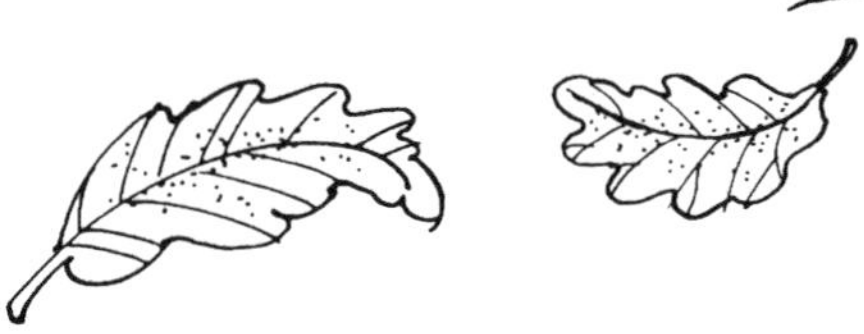

„Guten Morgen!“
„Hallo, alle miteinander!“
„Auf Wiedersehen!“ „Guten Tag, Freunde!“

Klingeling.
Das Eichhörnchen läutet.
„Komm heraus“, rufen alle Tiere.
 ___________
kriecht langsam unter
der Wurzel hervor.
Erstaunt sieht die Maus
ihre Freunde.
Die Tiere sprechen mit ihr.
Sie legen die kleinen Geschenke
auf den Waldboden:

____

____

____

Der Biber erzählt ihr von dem
______________, das er gebaut hat.
Der Fuchs zeigt stolz auf den Müllsack.
„Schau, wie ich aufgeräumt habe!“,
sagt er. „Vor deiner Wurzel lagen:

____

______________________________.“

„Nun braucht  ____________

aber Ruhe“, sagt das Wiesel.

Die anderen Tiere nicken.

Alle wünschen der Maus

gute Besserung.

Müde, aber glücklich

geht  ____________

in die Höhle zurück.

Sie winkt ihren

Freunden zum Abschied zu.

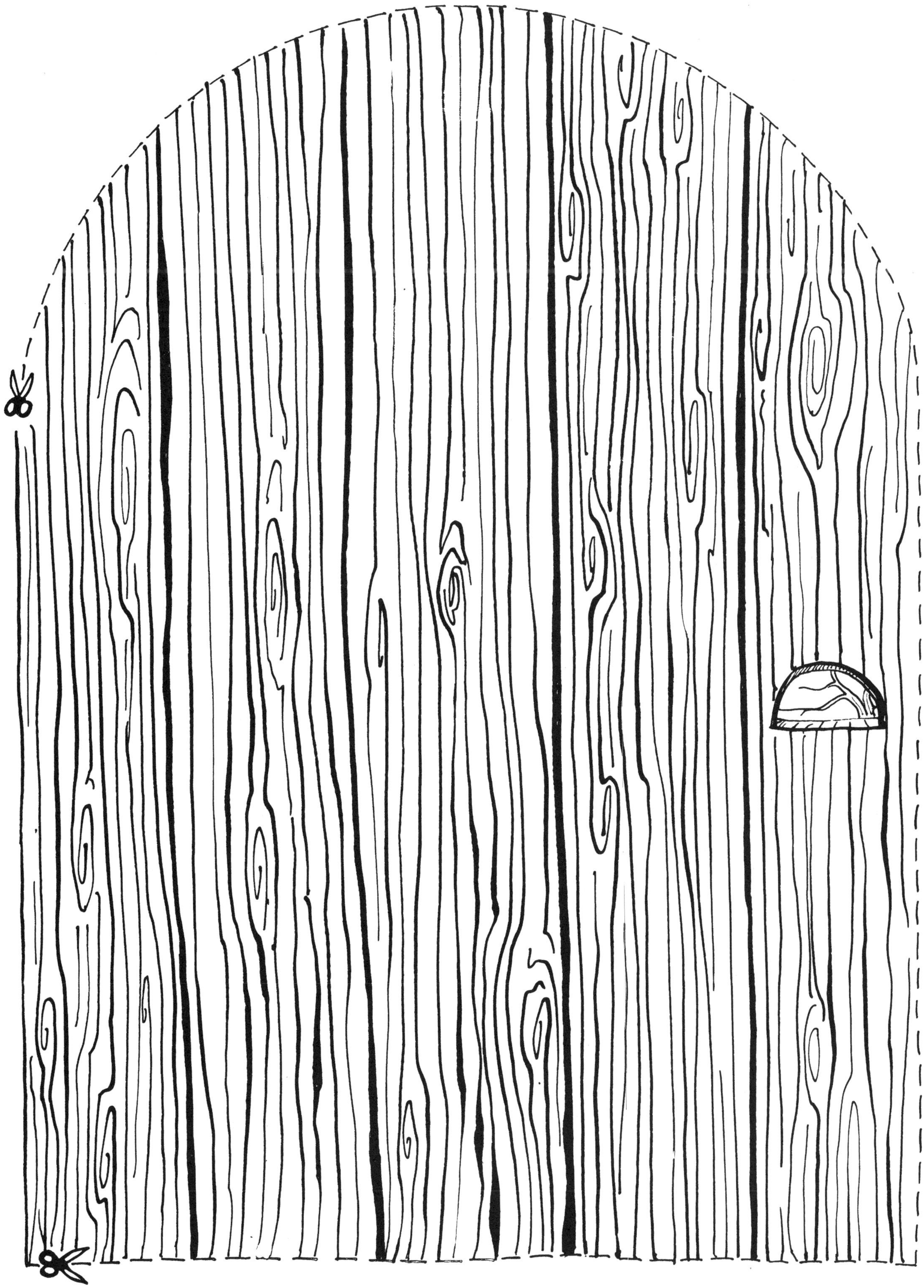

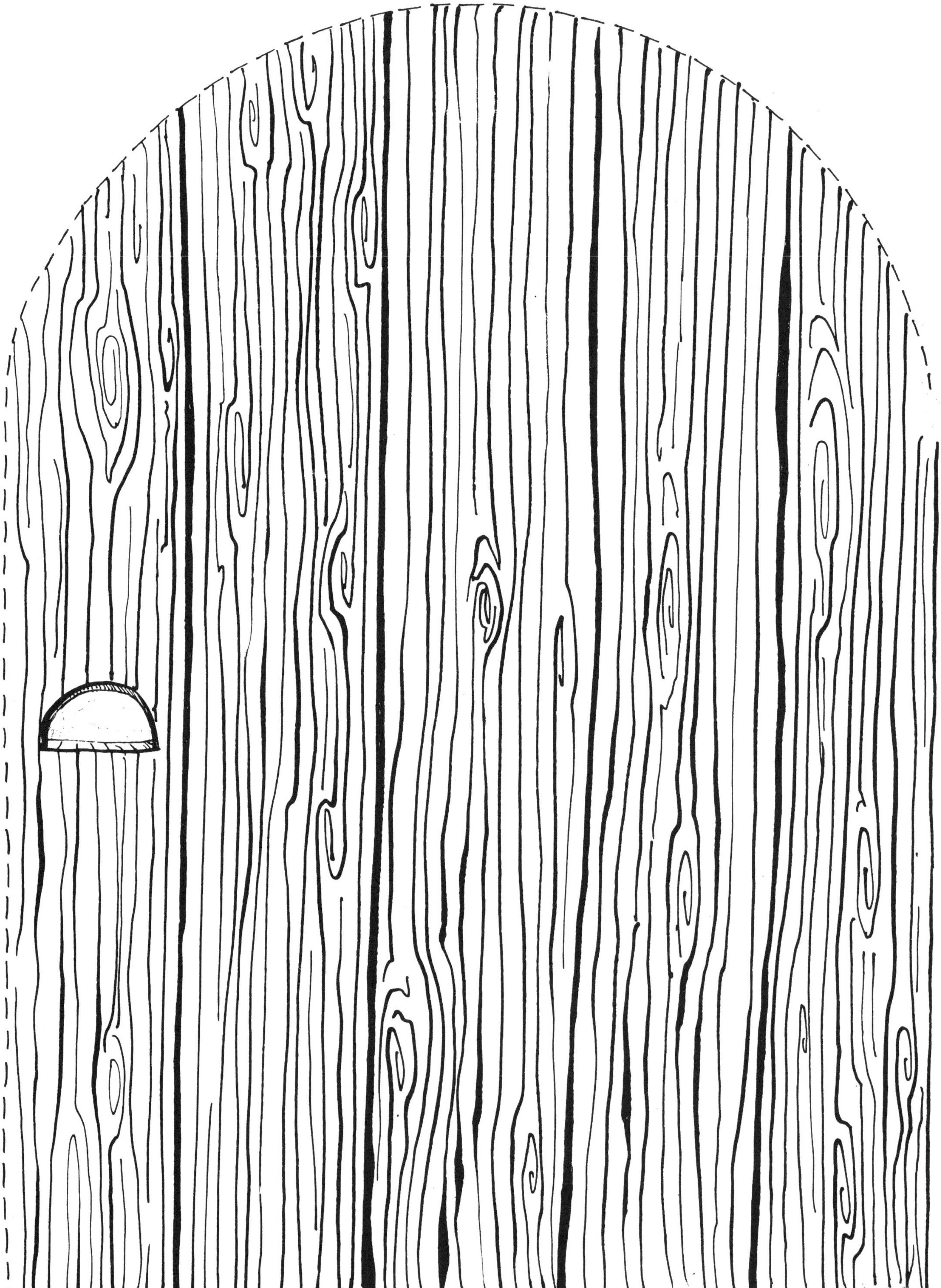

Liebe Kolleginnen und Kollegen,

was hat das Lesen mit Riechen und Fühlen zu tun?

Mit diesem Mitmachbuch wollen wir Kindern nach Abschluss des Leselehrgangs in Klasse 1 oder 2 einen sprachlich einfachen, ansprechenden und überschaubaren Text bieten. Zugang zu diesem Werk finden die Kinder nicht nur über das Lesen, sondern auch mit allen Sinnen. Die unterschiedlichsten Materialien, vorwiegend aus der Natur, ermöglichen ihnen diese Erfahrung.

Sie sammeln diese Materialien selbst, pressen Blüten und Blätter, kleben, schneiden, malen und gestalten die Seiten auf individuelle Art. Jedes Kind nimmt sein persönliches Buch mit nach Hause!

Bei der Schulung der Sinne bedarf es vielfältiger Angebote und offener Situationen im Unterricht: den Kindern muss Raum und Zeit eingeräumt werden die Materialien zu fühlen, zu riechen, zu tasten, zu schmecken, zu hören und zu sehen.

Federn eignen sich zum Streicheln, Nüsse und Sonnenblumenkerne kann man essen, frische Kamille hat einen charakteristischen Duft und schmeckt vielen Kindern als Tee. Lieder, Gedichte und kleine Tänze können den Unterricht auflockern.

So ermöglichen wir unseren Kindern entwicklungsförderndes und ganzheitliches Lernen!

Ihnen und Ihrer Klasse wünschen wir viel Freude bei der Arbeit mit „Die Maus hat gute Freunde“.

Anna E. Weichert   Annette Wengenmayr

Gedruckt auf Papier aus
chlorfrei gebleichtem Zellstoff, säurefrei.

1. Auflage 1 5 4 3 2 1 | 2002 01 00 99 98

Dieses Werk folgt der reformierten Rechtschreibung und Zeichensetzung.
Alle Drucke dieser Auflage können im Unterricht nebeneinander benutzt werden,
sie sind untereinander unverändert.
Die letzte Zahl bezeichnet das Jahr dieses Druckes.

Redaktion: Friederun Schmitt

Grafik: Jutta Sailer
Druck: Druckerei Röck, Weinsberg
ISBN 3-12-251675-6